KNAUR

Stefanie Reeb & Thomas Leininger

ICH, LILLY

Vom Glück, ein Hund zu sein, und was meine Menschen von mir lernen können

KNAUR

Besuchen Sie uns im Internet:
www.knaur.de

FSC
www.fsc.org
MIX
Papier aus verantwortungsvollen Quellen
FSC® C004592

Originalausgabe Juli 2015
Knaur Taschenbuch

Umschlaggestaltung: Stefanie Reeb
Umschlagabbildung: Thomas Leininger
Satz und Layout: Stefanie Reeb
Fotografien: Thomas Leininger
Druck und Bindung: Appl, Wemding
Printed in Germany
ISBN 978-3-426-78760-1

5 4 3 2 1

Für dich.

I wuff you.

Ich bin Lilly.

Meine Menschen nennen mich auch

Hundi, Putzi, Süße, Maus, Motte,

Sweetie, Lillbär, Lillchen und Hillbilly.

Glück für sie, dass ich schlau bin

und weiß, wen sie meinen.

Ich liebe meine Menschen.

Sie sind wunderbare Wesen.

Sie haben Hände, die Futterdosen öffnen,

Füße, die Bälle kicken

und Finger, die kraulen können.

Ihr Sofa ist weich,

ihre Wohnung warm und ihr Kühlschrank ist voll.

Meine Menschen denken, dass ich viel von ihnen lernen kann, und bringen mir „Sitz“, „Platz“ und „Männchen“ bei

Dabei vergessen sie, dass ich ihnen etwas viel Wichtigeres beibringen kann:

Glücklich sein.

Ich bin Experte auf dem Gebiet.

Denn ich bin ein Hund.

Und wer wüsste mehr übers Glücklichsein als wir?

Zum Glücklichsein auf meine Art brauchst du

kein dickes Fell,

keine lange Zunge und keine Schlappohren.

Du musst nicht

den Mond anheulen,

brauchst keine Katzen jagen und

keine Löcher buddeln.

Du musst nur ein paar einfache Regeln beachten.

Und schon ist es da,

das Glück.

Glücksregel 1

Liebe bedingungslos

Meine Menschen vermuten, dass meine

Liebe käuflich

ist. Das stimmt nur bedingt.

Ein saftiges Steak,

ein Rinderknochen oder ein leckerer Keks haben meiner Beziehung zu Herrchen und Frauchen bestimmt nicht geschadet ...

... aber ich liebe meine Menschen

absolut und bedingungslos.

Auch ohne Steak.

Ehrlich.

Glücksregel 2

Sei ganz du selbst

Verstell dich nicht.

Wozu auch?

Außer du kannst damit jemanden zum

Lachen

bringen.

Doch egal, in welche

Rolle

du schlüpfst …

... am Ende findest du doch immer wieder
dich selbst.

Glücksregel 3

Lebe im Moment

Ich halte es

wie der Buddha:

Wenn ich esse, dann esse ich.

Wenn ich spiele, dann spiele ich.

Wenn ich laufe, dann laufe ich.

Denn glücklich leben kannst du nur
im Jetzt.

Ich liebe

das Jetzt.

Denn nur
im Jetzt
gibt es
frische Kekse.

Glücksregel 4

Sei neugierig

Meine

Neugier

bringt mich an die
interessantesten Orte …

Ich habe schon
im Pazifik
gebadet.

Bin in
Palm
Springs
am Pool gelegen.

Und habe die roten Felsen von

Arizona

beschnuppert.

Mein Glück
habe ich an den unterschiedlichsten
Plätzen gefunden ...

… und manchmal sogar am
A****
(der Welt).

Glücksregel 5

Akzeptiere

jeden, wie er ist

Für mich bist du

vollkommen,

genau so, wie du bist.

Ob du groß bist oder klein,

dick oder dünn,

reich oder arm,

alt oder jung:

Schenk mir ein Würstchen, und du bist

mein Freund.

Meine Kumpels und ich im Garten. Meistens kann ich sie akzeptieren, wie sie sind. Wenn nicht, dann beiße ich sie ins Ohr.

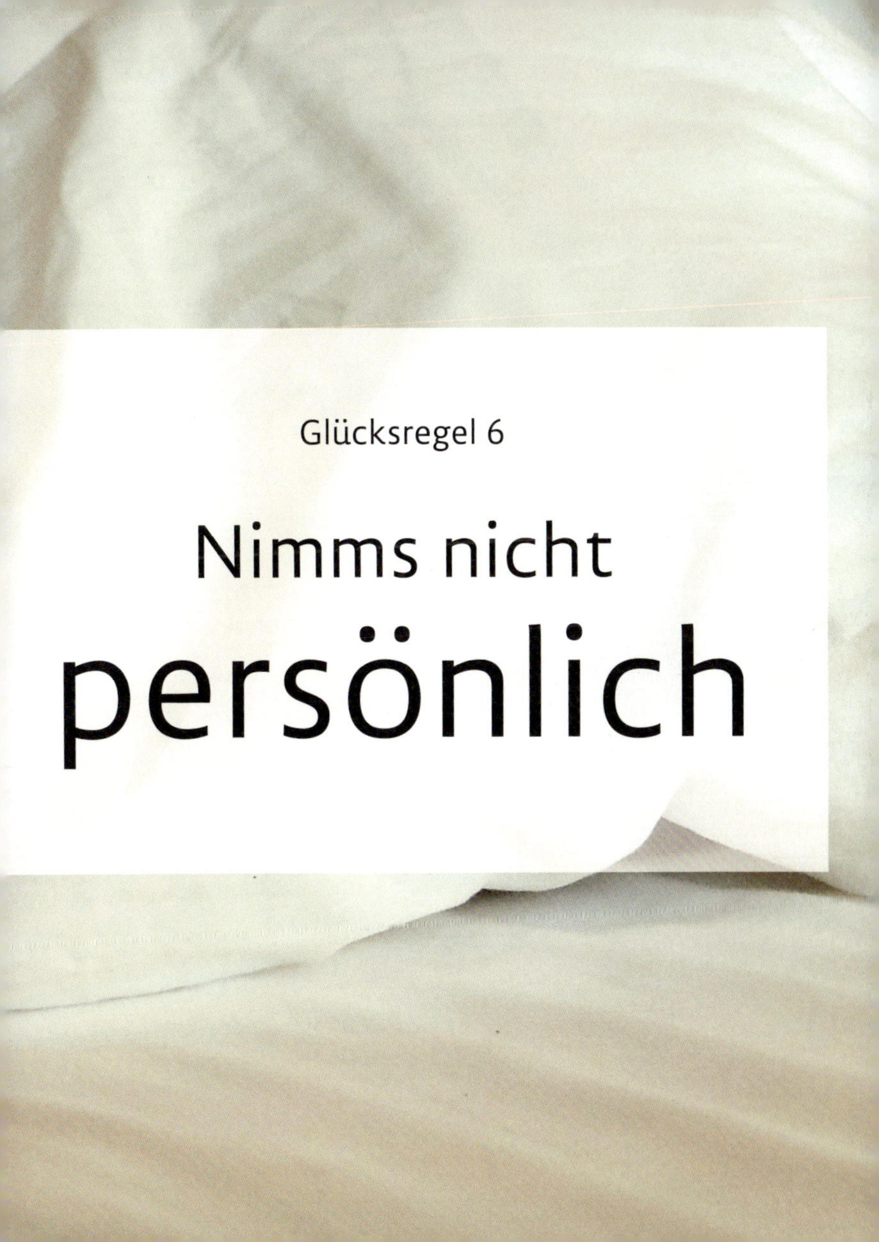

Glücksregel 6

Nimms nicht persönlich

Wenn ein Freund schlecht drauf ist,

dann bleib entspannt und kehr ihm nicht den

Rücken.

Außer du möchtest, dass er deinen

Hintern

beschnuppert.

Glücksregel 7

Bleib flexibel

Wenn du flexibel bist, lösen sich deine
Probleme
wie von selbst.

Mein Problem ist, dass ich äußerlich

klein

bin, aber innerlich

ganz groß.

Also pinkle ich

im Handstand,

und alle denken, es war ein Schäferhund.

Glücksregel 8

Hab einfach Spaß

Spaß haben ist eine

ernste Angelegenheit.

Denn ohne

Spaß

kein Glück.

Also finde heraus,

was dir Spaß macht.

Und dann tu's so lange …

... bis du

quietschst

vor Glück.

Glücksregel 9

Verlier dein Ziel nie aus dem Blick

Wenn du etwas erreichen willst, zählt nur eines:

Fokus,
Fokus,
Fokus.

Und wenn die Zeit reif ist:

Schnapp dir die Maus!*

*An dieser Stelle gab es Unstimmigkeiten zwischen mir und meinen Menschen. Meine Menschen ollen, dass ich klarstelle, dass die Maus als Metapher gemeint ist (häh???), und dass ich darauf nweise, dass bei der Entstehung dieses Buches keine Maus ernsthaft zu Schaden kam (verdammt!!!).

Glücksregel 10

Entspann dich

Ich verstehe nicht, was
so schwer
daran sein soll, sich
zu entspannen.

Du suchst dir eine
weiche Unterlage …

... oder ein

sonniges Plätzchen ...

... einen guten Freund zum

Kuscheln ...

… und dann entspannst du so lange, bis du
glücklich
wieder aufwachst.

In Liebe

Lilly

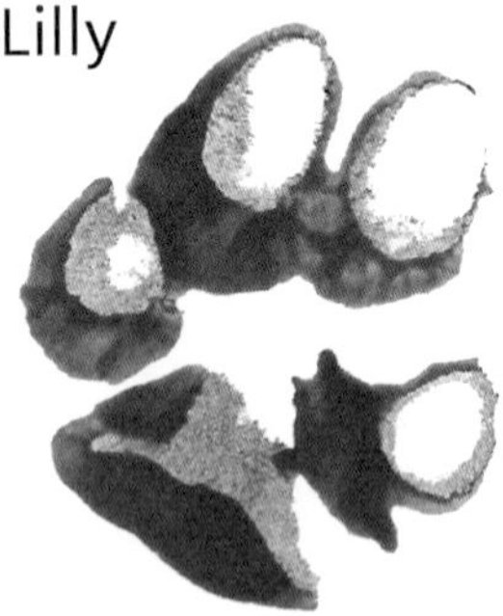

Meine Menschen und ich

Meine Menschen sind moderne Nomaden – auf Hundesprache „Streuner“ –, die als Kreativteam viel in der Welt unterwegs sind (ich natürlich immer im Handgepäck mit dabei). Die beiden entwickeln Konzepte und Looks für Marken, Magazine und Bücher und haben schon zahlreiche Preise gewonnen. Außerdem sind sie Kundalini-Yoga-Lehrer und interessieren sich für Gesundheit, Schönheit und alles, was sonst noch glücklich macht. Darüber schreiben sie in ihren Koch- und Wellness-Büchern, die ebenfalls bei Knaur erscheinen.

Für meine Bücher bringt Frauchen meine Botschaften zu Papier, und Herrchen macht die Fotos. Wir leben zusammen in Süddeutschland, im Elsass und auf Mallorca.